AF267971

RECONNAISSANCE

DE LA

SÉPULTURE DE GUILLAUME MALET

ET

NOTES

SUR LA FAMILLE MALET DE GRAVILLE

Par BRIANCHON

Membre de la Société Impériale Havraise d'Études Diverses

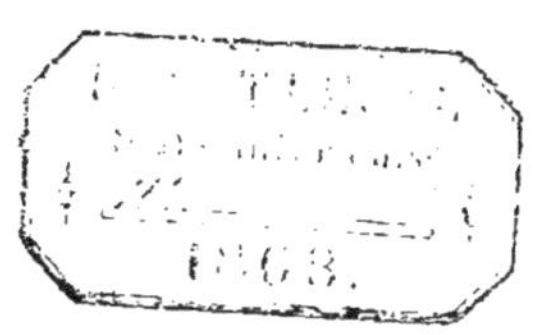

HAVRE

IMPRIMERIE LEPELLETIER

1868

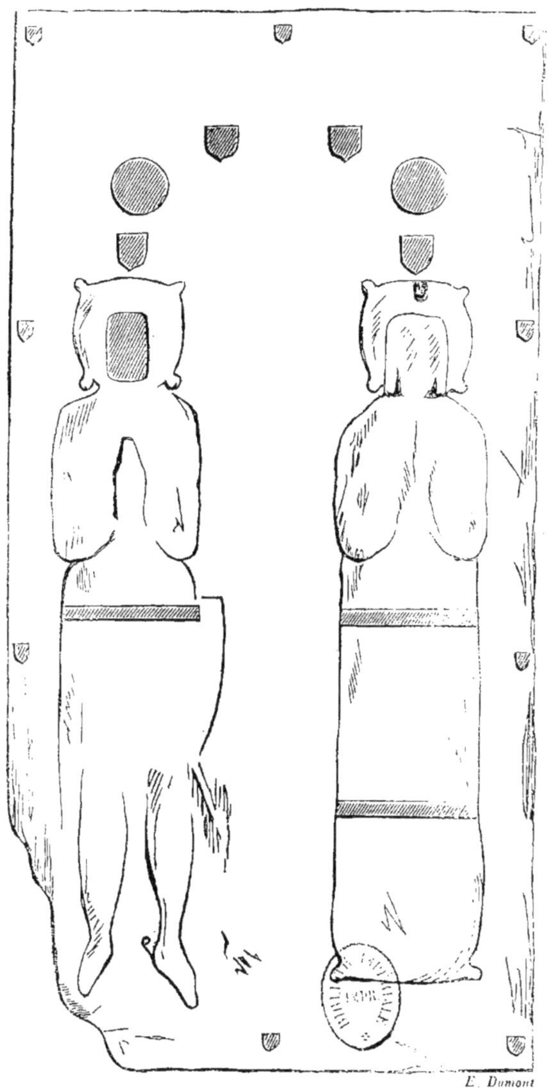

Pierre tombale de Guillaume Malet et de son épouse,
dans l'église de Graville-Sainte-Honorine.
Hauteur, 2 m. 04; largeur, 1 m. 45.

RECONNAISSANCE

DE LA

SÉPULTURE DE GUILLAUME MALET

Fondateur du Prieuré de Graville ([1])

I

Vers la fin du XIIe siècle, ou tout au commencement du XIIIe, un pieux seigneur normand, dont le nom devait rayonner longuement à travers les âges, fondait, à quelques pas de son manoir, en l'honneur de la sainte martyre Honorine et sous la falaise même où elle avait été inhumée, le prieuré de Graville (2). C'était Guillaume Malet. L'histoire est muette sur ce personnage. Nous ne le connaissons que par

---

(1) D'après M. l'abbé Caresme, guide si expérimenté au milieu des ténèbres du moyen-âge, l'origine de Graville même (*Gerardi villa*) remonterait à Guerard ou Gérard Fleitel, père de Guillaume, évêque d'Évreux, et de la femme de Gautier Giffard. Ce Guerard était sénéchal ou *dapifer* des ducs de Normandie. On trouve son nom au bas des chartes de Guillaume-le-Conquérant pour Marmoutier, pour le Bec, pour Boscherville. Les Malet auraient succédé aux Guerard presque immédiatement. — *Lettre* de M. l'abbé Caresme, du 11 Mai 1868.

(2) *Neustria pia.*

deux actes. Il est vrai que ces deux actes, l'un religieux, l'autre politique, ont une haute importance, et doivent suffire à protéger contre l'oubli la mémoire de leur auteur. Ainsi, vers l'an 1200, comme nous venons de le dire, Guillaume Malet fonde le prieuré de Graville, et, en 1215, parmi les vingt-cinq noms, restés si chers à l'Angleterre, des barons signataires de la *Magna Charta*, on trouve celui de Guillaume Malet (1). Guillaume Malet eut la fortune de survivre plusieurs années au triste Jean-Sans-Terre (2), et de voir le naissant édifice des libertés anglaises s'élever solidement sur la base qu'il avait posée. Il mourut, selon Borel d'Hauterive, vers 1224 ou 1225, et fut « enterré à Graville, » — je cite les paroles mêmes de Duplessis, — « au milieu du chœur de l'église (3). »

Personne n'ignore la destinée, à peu près générale, au commencement du siècle, de nos églises âgées de six cents ans. Elles ont vécu, pour ainsi dire, de la vie normale des individus. A la brillante jeunesse a succédé l'âge mûr, un peu plus froid; puis la vieillesse, avec ses inévitables infirmités. Mais, entre les individus et nos monuments, l'assimilation s'arrête là. Pour les individus malades, il y a des médecins, qui guérissent quelquefois et qui consolent toujours. Tandis que nos églises romanes ne connurent guère de médecins. Malades, et malades de vieillesse, pour la plupart, au jour et même au lendemain de la Révolution, nul ne songeait à soulager leurs souffrances. Leurs membres se détachaient un à un : là, sous forme de clocher; ici, sous forme de fenêtre ou de toit. Je laisse de côté les aberrations sans nom, telles que la destruction accomplie du jubé

---

(1) *The history of England*, by David Hume.

(2) « Ce prince, dit le P. Daniel, est extrêmement décrié dans l'histoire par une infinité de mauvaises qualités, parmi lesquelles à peine en pouvoit-on reconnoître quelque bonne. » *Hist. de France*, règne de Philippe-Auguste, 1216.

(3) *Description de la Haute Normandie*, par dom Toussaint Duplessis. T. I p. 169.

de Fécamp (1), ou la destruction projetée du portail d'Harfleur (2), qui m'entraîneraient trop loin. Mais je constate seulement que, dans cette période encore si rapprochée de nous, qui comprend le premier tiers du siècle, nos églises vieillies, mutilées, victimes du temps et de l'abandon, attendaient la **mort**.

A la règle que je cite, on ne saurait opposer l'église de Graville comme une exception. En 1840, l'antique construction de Guillaume Malet menaçait ruine. Des plantes vierges, presque des arbres, défiant la serpe du bûcheron, s'élançaient sur la tour démantelée. Le lierre enfonçait sa griffe entre les pierres disjointes, et, quand venait le soir, l'Effraie, poussant son cri sinistre, s'échappait lugubrement de la crevasse des contreforts où elle avait élu domicile, — *sicut nycticorax in domicilio.* Au dedans, le tableau n'était pas moins sombre. Sur les murs dénudés, et près des fenêtres mal closes, l'œil attristé remarquait çà et là de larges taches verdâtres, dues à l'humidité qui suintait de toutes parts. Les poètes étaient ravis, mais les hommes pratiques, amis de nos vieux monuments, appelaient le remède de tous leurs vœux. Disons de suite qu'ils ont été exaucés, et plus qu'exaucés. *Est modus in rebus* est un proverbe latin qui, je crois, ne sera jamais traduit en français. Sous prétexte qu'on ne restaurait pas assez, l'on se mit de suite à restaurer trop.

Et c'est ce qui est arrivé à l'église du prieuré de Graville, hors de laquelle je demande pardon de m'être laissé entraîner un instant, et dans laquelle je rentre pour n'en plus sortir.

A l'époque où l'on restaura l'église de Graville, le non savoir et le mauvais goût n'étant pas encore passés de mode, les anciennes dalles du chœur, tant de fois séculaires, durent

---

(1) *Les Eglises de l'arrondissement du Havre*, par M. l'abbé Cochet, T. II. p. 12.

(2)   *Id.*   id., T. I. p. 155.

se retirer pour faire place à un joli pavage échiqueté de pierres blanches octogones et de petits dés noirs aboutés en lozange. Vous voyez cela d'ici. C'est dans cette phase de remaniement inspiré par une pensée juste, mais exécuté en dehors des lois architectoniques, qu'une vaste pierre tombale, majestueusement étendue au milieu du chœur, presque depuis l'époque de sa fondation, ne put trouver grâce devant le zèle des embellisseurs, et fut transportée dans la chapelle de Sainte-Honorine, où on la voit encore aujourd'hui (1).

Heureusement que les jours se suivent et ne se ressemblent pas. 1866 est venu, et, avec lui, un nouveau mode de restauration qui, selon moi, est le bon, et dont j'ai hâte de communiquer l'un des plus intéressants effets.

Donc, en 1866, un digne ecclésiastique, M. l'abbé Jeuffrain, récemment nommé curé de Sainte-Honorine de Graville, étudiant aussitôt l'histoire de sa paroisse, conçut le projet de rendre à Guillaume Malet un hommage digne d'un si grand nom. Or, pour cela, que faire ? Tout simplement deux choses : ériger une verrière, restaurer le tombeau ; placer un Saint-Guillaume dans l'une des lancettes du chevet de l'église, retirer la dalle tumulaire de notre sire de Graville de la chapelle de Sainte-Honorine, où elle ne couvre rien, pour la remettre au milieu du chœur, à son emplacement primitif, où elle couvrirait tout.

Mais, quand je dis tout, c'est-à-dire les restes du fondateur du prieuré, est-ce bien certain ? Où donc reposaient exactement ces restes ? Qui le savait, qui pouvait l'affirmer d'une manière précise ? personne. C'est là ce qui porta M. le curé de Sainte-Honorine, d'accord avec l'honorable maire de Graville, M. Vidal, à recourir au seul témoignage qu'on ne put mettre en doute, je veux dire la fouille sépulcrale.

____

(1) *Les Églises de l'arrondissement du Havre*, par M. l'abbé Cochet, T. I. p. 8².

Cette fouille eut lieu le 27 juillet 1867.

Dirigée par M. le curé, et confiée aux soins de M. Henri Certain, entrepreneur au Havre ; en présence de M. l'abbé Allais, vicaire de la paroisse, et du membre de la Commission des antiquités qui a l'honneur de tracer ces lignes, cette fouille, exécutée avec toutes les précautions voulues et le pieux respect dû aux morts, a donné lieu aux constatations suivantes.

Ici, qu'on me permette, pour plus de fidélité, de recourir au texte du procès-verbal rédigé le jour même (1).

« Presque à fleur du sol et immédiatement au-dessous du pavage en marbre blanc, lozangé de noir, œuvre de 1835, et un peu plus bas que l'endroit indiqué par la tradition pour l'emplacement de la pierre tombale de Guillaume Malet, on a recueilli d'abord une certaine quantité d'ossements, d'une date relativement récente, à en juger par leur état de conservation, et mélangés aux terres de remblai. Parmi ces ossements, dont le principal était un crâne troué comme par l'entrée d'une balle et entaillé comme d'un coup de sabre, se trouvaient quelques moyens pavés de terre rouge vernissée et deux morceaux de pierre, sur l'un desquels on lit, en petites capitales gravées et teintées de noir :

US

LESIÆ

BIIT ANNO

XI 37

et sur l'autre :

HIC

IACET PE

. . . .

. . . .

« Parvenu à 1 mètre 10 centimètres de profondeur, M. Certain a rencontré un crâne. Ce crâne, incliné sur le

---

(1) *Archives* du presbytère de Ste-Honorine de Graville.

côté, regardait l'autel. Il avait toutes ses dents, mais était malheureusement fracturé, sans doute par suite du tassement naturel des terres. En prolongeant souterrainement la fouille vers le chevet de l'église, les différentes parties du squelette ont pu être successivement dévoilées et observées en place.

« Ce squelette reposait sur un sol vierge. Aucun objet ne l'accompagnait. M. le docteur Beauregard, appelé pour reconnaître les ossements, les a inventoriés, au bord de la fosse, avec le plus grand soin, et a bien voulu consigner le résultat de ses observations dans un procès-verbal distinct, dressé le même jour (1). D'après le savant docteur, les ossements du squelette soumis à son examen appartenaient à un adulte, du sexe masculin, d'environ cinquante ans. Or, c'est précisément l'âge auquel les présomptions historiques les plus accréditées font mourir le second fils d'Ernest Malet et d'Adèle de Glocester (2).

« Guillaume Malet, car c'est bien lui, comme nous le démontrerons plus amplement tout-à-l'heure, avait été inhumé dans un cercueil de chêne. A défaut du bois lui-même, dont on n'a retrouvé que les traces brunâtres, encore adhérentes à divers corps étrangers, un certain nombre de clous, soigneusement mis à part, sont là pour l'attester. Le cercueil, confié simplement à la terre et non déposé dans un caveau, occupait l'espace de 2 mètres de longueur, sur une largeur de 48 centimètres. La taille du squelette, mesuré en place, était d'environ 1 mètre 95 centimètres.

« Mais, pour s'assurer que ce squelette, qui sortait ainsi de sa tombe au bout de six cents ans, était réellement celui du fondateur du prieuré, il restait un complément d'instruc-

---

(1) *Procès-verbal de reconnaissance des restes de Guillaume Malet, fondateur du prieuré de Graville, et de son épouse, enterrés au milieu du chœur de l'église de Ste-Honorine*, par M. le Dʳ Beauregard. Voir *Appendice*.

(2) *Notice généalogique sur la famille Malet de Graville*, par M. Borel d'Hauterive.

tion à tenter, une dernière recherche à faire. Or, sur la dalle
tumulaire dont nous avons parlé, figurent deux personnages,
le mari et la femme, l'un à droite, l'autre à gauche. Si donc,
en continuant d'interroger le sol, on arrivait à découvrir,
tout près et à gauche du squelette présumé de Guillaume
Malet, celui d'une femme, alors plus de doute possible. On
serait en face de la dépouille vénérable du fier baron
normand, signataire de la Grande Charte, et de son épouse ;
on aurait une suprême et irrécusable confirmation du dire
de Duplessis, à savoir, que Guillaume Malet est « enterré
au milieu du chœur de l'église de Graville. » C'est ce qui a
eu lieu. Une seconde fouille, dirigée dans le sens des indications précédentes, a promptement permis de reconnaître,
à 30 centimètres environ du lit sépulcral de Guillaume,
et au même niveau, les restes avérés de la noble dame
de Graville, car, est-il possible de qualifier autrement des
ossements humains gisant dans ces conditions et qu'un
spécialiste distingué, M. le docteur Beauregard, affirme, au
nom de la science, être ceux d'une femme ? Cette seconde
partie de la fouille, commencée sous d'aussi heureux aus-
pices, a été suspendue par des motifs de haute convenance,
et ajournée jusqu'à la visite du baronnet anglais, sir Alexander Malet, chef de la branche anglaise des sires de Graville,
qui a exprimé le désir d'accomplir un prochain pélerinage au
berceau de sa famille, et de présider lui-même à la restauration du tombeau de l'un de ses plus glorieux ancêtres.

« Tous les ossements de Guillaume Malet, moins les
tibias restés en place, et ceux de sa femme, religieusement
enveloppés et étiquetés, ont été provisoirement déposés, par
M. le curé de Sainte-Honorine, dans une boîte fermée et
scellée de son sceau, où ils demeureront jusqu'à l'arrivée de
sir Alexander Malet, qui décidera des mesures à prendre
pour leur conservation ultérieure (1). »

____

(1) Voici, selon nous, et sauf meilleur avis, ce qu'il conviendrait de
faire, à l'heure où nous écrivons ces lignes :

1° Terminer, le plus tôt possible, la fouille sépulcrale de Guillaume

Ici, s'arrête naturellement ma communication. Peut-être
ne serait-il pas superflu cependant d'ajouter quelques con-
sidérations en forme de notes, d'abord sur Guillaume Malet
lui-même, puis sur la famille de Graville, si anciennement
et si honorablement inscrite dans les fastes de l'histoire
anglo-normande-française. Je serai bref. Commençons par
Guillaume Malet.

II

Dans son étude sur l'abbaye de Graville, l'une des plus
brillantes tombées d'une plume qui sème les diamants
archéologiques, voici, à propos de notre haut et puis-
sant seigneur normand, comment s'exprime l'historien de
presque toutes, je voudrais dire de toutes nos églises diocé-
saines, sans exception, M. l'abbé Cochet: « ... La partie
de l'église où l'architecture ogivale primitive se montre avec

---

Malet et de son épouse ; — rechercher soigneusement s'il n'existe
pas, aux pieds des squelettes, de vases funéraires.

2° Construire un caveau en briques sur l'emplacement exact de la
double sépulture de Guillaume Malet et de son épouse ; — déposer dans
ce caveau, réunis en un cercueil de plomb à deux compartiments, avec
deux inscriptions distinctes, les restes reconnus par les témoins oculaires
de la fouille, et authentiqués par M. le Dr Beauregard, de Guillaume
Malet et de sa femme ; — recouvrir le caveau d'une dalle, de dimension
pareille à la pierre primitive, sur laquelle serait gravée l'inscription
suivante : *Dans ce caveau ont été déposés, le . . . . . , 18.., les restes
mortels de Guillaume Malet, fondateur du prieuré de Graville et de son
épouse, inhumés en cet endroit au XIIIe siècle ; ou encore : Le . . ., 18..,
ont été pieusement déposés dans ce caveau, construit au milieu du chœur de
l'église de Ste-Honorine de Graville, d'après le vœu et par la libéralité de
Sir Alexander-Charles-Saint-Loo Malet, baronnet, N... N... et N...,
tous descendants de l'illustre famille des Malet, sires de Graville, les restes
mortels, exhumés et reconnus par M. l'abbé Jeuffrain, curé de cette paroisse,
le 29 Juillet 1867, de Guillaume Malet, fondateur du prieuré de Graville,
en l'an 1200 ; et de N..., son épouse, inhumés en cet endroit même,
l'un vers 1225, et l'autre, en . . . . . .*

3° Relever la pierre tombale de Guillaume Malet du parvis de
la chapelle de Ste-Honorine, où elle se trouve en ce moment, et la
déposer, avec plusieurs autres reliques de la vieille église, dans la
chapelle absidale de la tour en ruines.

toutes ses marques distinctives, c'est le sanctuaire. Ici, tout l'annonce : fenêtres, voûtes, archivoltes, modillons, appareil. Le sanctuaire est petit, mais il est inondé de lumière par quatre fenêtres, à double lancette, dont les voussures sont richement décorées de tores.

« Une pensée dominante pour nous, c'est que cette partie de l'édifice, postérieure à l'autre, a été construite, vers la fin du xiie siècle, pour recevoir les chanoines réguliers. Nous lisons, en effet, dans les annales du monastère, que Guillaume Malet, vaillant capitaine, seigneur de Graville, Gonneville, Fontaine, et autres lieux qui portent son nom, fit venir de Sainte-Barbe-en-Auge quelques religieux pour fonder le prieuré de Sainte-Honorine. Ce gentilhomme était fort riche et possédait de grands biens, tant en Angleterre qu'en Normandie. Il se montra très-généreux envers les chanoines, car dans deux chartes délivrées, l'une vers 1200, l'autre en 1203, il leur céda, avec leurs dîmes, le patronage des églises de Saint-Valery-de-Fontaine, de Saint-Michel-de-Grandcamp, de Saint-Sulpice-d'Onvéville, de Saint-Nicolas-de-Tennemare, de Saint-Martin-du-Coudray, de Saint-Pierre-d'Hermeville, de Saint-Martin-de-Claville, de Saint-Pierre-de-Gonneville et de Saint-Sauveur-la-Campagne. Nul doute, après cela, qu'il n'ait fait embellir avec une certaine magnificence le sanctuaire qui devait les posséder. Le style de l'édifice révèle d'ailleurs ce secret que son humble piété aurait voulu nous cacher. Et puis la voix de la reconnaissance est venue elle-même donner à nos conjectures toutes les couleurs de la vérité, en nous montrant, au milieu du chœur, le tombeau du preux chevalier. Honneur insigne qui n'était réservé qu'au fondateur de l'église (1). »

Une charte de W.(Willelmus) Malet de Girardvilla s'exprime ainsi : *Notum sit vobis quod cum in ecclesia sancte Honorine*

---

(1) *Les Eglises de l'Arrondissement du Havre*, par M. l'abbé Cochet, T. I. p. 75 à 76.

*de Girardvilla canonicos regulares aggregassem misertus
paupertatis illorum omnes ecclesias terrarum mearum tam in
Normania quam in Anglia, que ad donacionem meam pertinent,
illis donavi in perpetuam eleemosynam... in Anglia ecclesiam
S. Petri de Lintea, ecclesiam omnium sanctorum de Welia.*
Sans date (1).

Une autre charte confirme la donation précédente, et
accorde en outre aux chanoines réguliers des droits d'usage
en la forêt des Halates (2).

Enfin, par deux autres chartes, sans date également,
Guillaume Malet donne à Graville : 1° Dix acres de terre à la
Mare-Bonde, et 2° un moulin à Rouelles (3).

Guillaume Malet figure encore sur un document cité par
du Moulin, et intitulé : *Catalogue des seigneurs reconnuz en
Normandie, depuis Guillaume-le-Conquérant iusques en l'an
mille douze* (c'est-à-dire *mil deux*, sous entendu *cents) sous
Philippe-Auguste, qui conquesta le duché de Normandie.*

« Dans le dénombrement des fiefs, en date des années
1204, 1210, 1220, 1221, 1224, ... , il se vérifie que
Guillaume Malet auoit des fiefs à Breteuil (4). »

« Un ancien registre de la chambre des Comptes, compilé
sous le règne de Philippe-Auguste, l'an 1204, nous fait voir
que Guillaume Malet estoit obligé de rendre seruice au duc
de Normandie de deux cheualiers et demy, à cause des fiefs

---

(1) *Archives départementales de la Seine-Inférieure.* Communiqué par
M. de Beaurepaire.

(2)   *Id.*   id.

(3)   *Id.*   id.

(4) *Histoire de la maison d'Harcourt,* par Gilles-André de la Roque,
T. I. p. 829.

qu'il possédoit dans le ressort du Pont-eau-de-mer, et qu'il tenoit demy fief à Grauille et dans Auffay (1). »

« Guillaume de Nangis remarque Henry Malet auoir esté éleu, l'an 1205, abbé de Sainct Denys en France, pour ses mérites (2). »

« La charte expediée en Angleterre, l'an 1215, nous décrit l'assemblée des princes et des nobles du païs, entre lesquels estoient en cet ordre Richard, comte de Clere, Saer, comte de Winchester, Geoffroy de Mandeuille, comte d'Essex, Eustache de Vassi, Richard de Percy, Robert de Roos, Pierre Bruce, Nicollas d'Estouteuille, Guillaume de Montbray, Henry de Clere, Roger de Crescy, Robert de Vere, *Guillaume Malet*, Guillaume de Montagu, Guillaume de Beauchamp, Guillaume le Mareschal, Guillaume de Mandeuille, Guy de Laual, Olivier de Vaux, Richard de Brakesbey, Guillaume de Montfiquet, Guillaume de Magneuille et plusieurs autres (3). »

Nous avons déjà dit que M. Borel d'Hauterive, nous ne

---

(1) *Histoire de la maison d'Harcourt*, par Gilles-André de la Roque, T. I, p. 829.

(2)   *Id.*   id.

(3)   *Id.*   id.

Hume, dans son *History of England* (1789, T. II. p. 329), donne une liste de noms qui offre quelques variantes, mais où se trouve toujours celui de Guillaume Mallet : « The names of these conservators were the earls of Clare, Albemarle, Glocester, Winchester, Hereford, Roger Bigod, earl of Norfolk, Robert de Vere, earl of Oxford, William Mareschal the Younger, Robert Fitz-Walter, Gilbert de Clare, Eustace de Vescey, Gilbert Delaval, William de Monbray, Geoffrey de Say, Roger de Monbezon, William de Hunningfield, Robert de Ros, the constable of Chester, William de Aubenie, Richard de Perci, *William Malet*, John Fitz-Robert, William de Lanvalay, Hugh de Bigod and Roger de Monfichet. » En présence des noms propres plus ou moins défigurés, tantôt par l'historien anglais, tantôt par l'historien français, il serait à désirer que cette curieuse liste fût collationnée sur la charte originale, précieusement conservée à la tour de Londres. (Voir *Appendice*).

savons sur quelle autorité, faisait mourir Guillaume Malet, fondateur du prieuré de Graville, en 1224 ou 1225.

Reprenons maintenant la maison de Graville en général, et signalons rapidement quelques noms, parmi les principaux, de son grand arbre généalogique.

XIe SIÈCLE. — « Il faut dire d'abord qu'aux XIe, XIIe et XIIIe siècles, il y avait un grand nombre de familles Malet, différentes les unes des autres. On en trouve à Evreux, à Pont-Audemer, dans le Roumois (1). »

1067. Parmi les compagnons d'armes du Conquérant, se trouve un Guillaume Malet. Guillaume Malet est qualifié, par Pierre Louvet, seigneur de Montfort et capitaine d'York en 1067 (2).

« Le Conquérant donne à Robert, puis à Guillaume Malet, le manoir de Tudeham (3). »

1068. « Simon Dunelmensis raconte en son histoire que Guillaume Malet, vicomte d'York, et sa femme, ses deux enfants et toute sa famille furent tuez en Angleterre, l'an 1068, entre deux mille normands (4). »

1096-1100. Dans le *Catalogue des Seigneurs de Normandie et autres provinces de France, qui furent en la conqueste de Hiérusalem, sous Robert Courte-Heuze, duc de Normandie, et Godefroy de Buillon, duc de Lorraine, avec la curieuse remar-*

---

(1) *Lettre* de M. l'abbé Anatole Caresme, curé de Pinterville, au diocèse d'Evreux. Nous devons des remerciements particuliers à ce savant ecclésiastique pour ses obligeantes communications.

(2) *Histoire de la maison d'Harcourt,* etc. T. I. p. 826.

(3) *Lettres* de M. l'abbé Anatole Caresme.

(4) *Histoire de la maison d'Harcourt,* etc. T. I. p. 828.

que de toutes leurs armes ou armoiries, est inscrit le neuvième entre quatre cent cinquante-et-un bannerois ou porte-guidons normands, et le quatrième sur quarante-sept gentilshommes décorés du nom de sire, le *sire de Grauille,* qui porte *de gueulles à trois fremans d'or.* Trois autres Malet, peut-être même cinq, tous reconnaissables à leurs armes pour appartenir à la famille de Graville, faisaient partie de la première croisade (1096-1110) (1).

XIIe SIÈCLE. — En 1117, Guillaume II Malet, plus tard moine de l'abbaye du Bec, donna au Bec l'église du Mesnil-Gosselin, diocèse d'Evreux, n'étant pas encore moine. Guillaume, frère de ce Guillaume, dit l'historien du Bec, confirme cette donation. C'est en 1121, et non en 1112 que, étant devenu moine du Bec, il donne l'église de Conteville à son monastère. Ce Conteville est dans le diocèse de Lisieux (2).

XIIIe SIÈCLE. — 1229. — En 1229, B. Malet fait donation de 20 l. de rente, *ad pauperes seculares reliendos* (3).

1236. « Entre les personnes de qualité qui furent admonestées de se trouuer à Sainct Germain en Laye, trois semaines après la Pentecoste, l'an 1236, pour le scruice du roy Sainct Louys, contre Hugues de Lusignan, comte de la Marche, et les autres barons de Poitou assistés de Henri troisième, roy d'Angleterre, estoit Robert Malet, chevalier porte-bannière, seigneur de Montagu (4). »

---

(1) *Histoire de Normandie,* par Gabriel du Moulin, curé de Maneval, *in fine,* p. 1-17.

(2) *Lettre* de M. l'abbé Caresme, curé de Pinterville. — Voir *fac simile* de la charte de donation de 1121 dans le *Paléographie* de Chassant, pl. VI. p. 98.

(3) *Arch. dép.* Communiqué par M. de Beaurepaire.

(4) *Histoire de la maison d'Harcourt,* etc. T. I. p. 830, et T. III. p. 185.

1256. En 1256, Jean Malet donne à Graville une moitié du moulin de Rouelles (1).

1260. En 1260, Jean Malet fait une nouvelle donation en présence de Geoffroi Malet (2).

1264. Par une autre charte, en date de 1264, Jean Malet, *miles, dominus de Girardivilla... Pro salute anime mee et Johanne uxoris mee et antecessorum meorum....* donne aux chanoines dix acres à la Lande Aalart (3).

« Iean, sire de Ioinville, nous représente en son *Histoire,* Iean Malet s'estant croisé pour le maintien de la chrestienté (4). »

1287-1288. A la fin du xiiie siècle, « Robert Malet, selon les chartes du chapitre de Rouen et le cartulaire de l'abbaye de Corneuille, des années 1287 et 1288, estoit archidiacre du Vexin normand (5). »

xive siècle. — 1302. « Il se remarque, dans les registres de la chancellerie de France, vne lettre du roy Philippes IV dit le Bel, donnée à Sainct Germain en Laye, le 8 d'aoust 1302, adressée à Iean Malet, par laquelle il luy represente que les ennemis et les rebelles de Flandre s'efforçant de plus en plus d'entreprendre sur son royaume, et la ville de l'Isle estant assiégée, il auoit résolu d'assembler son armée quinze jours après la feste de la my-aoust dans Arras, pour s'opposer à leur entreprise, et ayant fait faire vne semonce genéralle à tout le royaume par ban et arrière-ban, il le prioit affectueusement et requeroit de luy, sur la féauté et sur l'amour

---

(1) *Arch. dép.* Communiqué par M. de Beaurepaire.

(2)   *Id.*   id.

(3)   *Id.*   id.

(4) *Histoire de la maison d'Harcourt,* etc. T. I. p. 829.

(5)   *Id.*   etc. T. I. p. 830.

qu'il auoit si estroites pour sa personne et pour le royaume
(ce sont les termes), qu'au jour dessus dit, il fust sans
deffaut prest, et accompagné de gens d'armes et cheuaux,
de telle sorte qu'il peust estre satisfait et luy en sçauoir bon
gré. Parcille lettre fut aussi escrite lors à Robert Mallet,
frère du sire de Grauille (1). »

« En 1307, les statuts de la Maladerie de la Madeleine, à
Bernay, furent rédigés au nom de Jean Malet et de Guillaume,
abbé de Bernay (2). »

1313. « Le roy Philippes le Bel faisant des chevaliers à la
Pentecoste, l'an 1313, Iean Mallet et Guillaume Mallet sont
du nombre (3). »

1317. « Les registres de la chancellerie nous representent
comme, par lettres données à Sainct Germain en Laye, l'an
1317, au mois de may, Philippes cinquième dit le Long, roy
de France et de Nauarre, bailla la forest de Fontaines, au
pays de Caux, en eschange de six cens livres de rente que
Iean Mallet, cheualier, auoit à prendre sur le trésor royal,
à cause d'Anne de Sainct Venant, sa femme, fille de Robert,
sire de Sainct Venant, qualifié ailleurs mareschal de
France (4). »

1317. « Entre ceux qui furent mandés trois semaines
après la feste Sainct Iean, en l'année 1317, pour secourir le
roy contre les Flamans, au rolle de Normandie, estoit le sire
de Grauille, Iean Mallet, avec dix hommes d'armes (5). »

1318. « Suiuant la liste des grands du royaume pour

---

(1) *Histoire de la Maison d'Harcourt*, etc. T. I. p. 830.

(2) *Notes de M. Auguste le Prévost. Lettre* de M. le curé de Piu-
terville.

(3) *Histoire de la Maison d'Harcourt*, etc. T. I. p. 831.

(4)   Id.   etc. T. I. p. 824.

(5)   •   Id.   etc. T. I. p. 831.

assister, à Paris, aux octaues de la Chandeleur, et afin d'aller contre les Flamans, ainsi que portent les lettres du 12 nouembre 1318, par lesquelles les barons ou autres nobles de Normandie furent mandez de se trouuer à Lisieux au mois des Brandons, qui est le temps de Karesme, par deuant l'euesque d'Amiens et Robert d'Artois, comte de Beaumont le Roger, enuoyez de la part du roy, se trouuerent Iean Mallet et Robert Mallet, chacun d'eux appellé Monseigneur (1). »

1337-1339. « Le roy Philippes sixième ayant résolu de dresser vne puissante armée pour la conqueste du royaume d'Angleterre, il s'asseura des grands du duché de Normandie, lesquels assemblez à Rouen, l'an 1337 ou 1339, car cette date se trouve escrite diuersement, lui promirent de l'assister en vne si glorieuse entreprise, et, entre ceux qui sont souscrits au bas de la promesse, estoient Iean Mallet, sire de Grauille, Guillaume Mallet, sire de Montagu, auec Iean, comte de Harcourt et autres (2). »

1338, 1339, 1340, 1346 et 1367. « Entre les actions militaires de ceux de cette maison de Grauille, il est fait mention, dans les registres de la chambre des comptes, de celles de Guillaume Mallet, en 1338 ; de Iean Mallet, seigneur de Grauille, en 1339, l'un et l'autre estant en la compagnie d'Amaury de Meullent, Iean comte de Harcourt et Godefroy de Harcourt. Iean Mallet estoit, l'an 1340, entre les gens d'armes que commandoit Louis d'Espagne. Guillaume Mallet estoit suiuy, en 1346, de sept escuyers seruant l'Estat, en qualité de cheualier bachelier, coniointement auec Robert de Waurin, sire de Sainct Venant, mareschal de France, Raoul d'Estouteuille et Geoffroy Mallet, escuyer, lequel seruoit aussy en 1367 (3). »

1342. « La Chronique du Bec nous apprend que la troi-

---

(1) *Histoire de la Maison d'Harcourt*, etc. T. I. p. 831
(2)   *Id.*   Id.
(3)   *Id.*   etc. T. I. p. 832.

sième dedicace de son église fut faite, l'an 1342, le 15 septembre, sous le pontificat de Clément VI, pape; regnant en France le roy Philippes, et Iean, son fils, estant duc de Normandie; Iean de la Grange lors abbé du Bec; par Iean, euesque d'Auranches, en l'honneur et sous l'inuocation de la bien heureuse Vierge Marie et de tous les saincts. Présents : les euesques de Lisieux et de Pauie; les abbez de Fescamp, de Sainct Ouen de Rouen, de Caen, de Sainct Eurould, de Iumiéges, de Sainct Wandrille, de Sainct Georges de Boscherville, de Bernay, de Cormeilles, de Préaux, de Grostain, de Saincte Catherine de Rouen, de Sainct Victor, de Corneuille; des prieurés de Saincte Barbe, de Notre Dame du Parc de Harcourt, de Friardel, et nobles hommes Iean Mallet, Iean de Favieres, Robert de Neufbourg, Guillaume de Friardel et Robert de Tournebu, cheualiers, avec plusieurs autres seigneurs, personnes ecclésiastiques et séculieres, et grand nombre de peuple, qui tesmoignerent tous grande resiouyssance de voir une action si célèbre (1).

1344. « Estoit présent, à l'eschiquier de l'an 1344, tenu deuant l'euesque de Bayeux, Guillaume Mallet (2). »

1345. « Le sieur de Grauille ayant donné une buffe à Martin Dandasne, tenant de lui par aisné, les heritages dudit furent déclarés à jamais quittes des rentes (*Commentaire sur la coutume de Normandie*, T. I, p. 372) (3). »

1346. Jean Malet, *miles, dominus de Girardvilla...*, par une charte en date de 1346 : *Pro salute anime mee et anne uxoris mee...* donne aux chanoines de Graville une pièce de terre à la Lande Aalart (4).

---

(1) *Histoire de la Maison d'Harcourt*, etc. T. 1, p. 276.

(2)   *Id.*   etc. T. III, p. 257 et 258.

(3) Lettre de M. l'abbé Caresme.

(4) *Arch. dép.* Communiqué par M. de Beaurepaire.

1553, 1555. Jean III, sire de Graville, eut une fin tragique. Qu'on nous permette une digression exceptionnelle à ce sujet. « Messire Iean de Grauille, dit Alain Chartier, et messire Geoffroy le Maingre, dit Boucicaut, eurent querelle, et le dit Boucicaut donna vne buffe audit de Grauille par ialousie de Charlotte la Cochette, demoiselle de l'hostel de la reine. Le dit de Grauille luy promit qu'il s'en vengeroit auant qu'il fut vn an (1). »

Or, ceci se passait dans la maison du roi, qui était pour lors Jean le Bon.

Telle fut, selon toute apparence, la petite cause qui entraîna Jean Malet dans la complicité d'un grand crime. Le roi de Navarre, ayant résolu la perte de Charles d'Espagne dont il était jaloux, et qui comptait Boucicaut parmi ses partisans, donna l'ordre à plusieurs gentilshommes, tant de Normandie que de Navarre, au nombre desquels se trouvaient Philippe, son frère, Louis et Geoffroi d'Harcourt, et le seigneur de Graville, d'investir, au milieu de la nuit, l'hôtellerie de Laigle où dormait sans défense le malheureux connétable, et le fit massacrer lâchement dans son lit. Une circonstance atténuante, nous n'osons dire la justification de la présence de Jean de Graville parmi les meurtriers, nous semble cependant résulter des termes mêmes des lettres de rémission octroyées à Jean Mallet, au mois de mars 1553, et ainsi conçues : « ...... et afin que ces lettres de rémission fussent entières, observe de la Roque, il est escrit en marge que le dit seigneur auoit tué Boucicaut (2). » Cependant la suite des évènements fait voir que l'amnistie du roi n'avait été prononcée que pour la forme. On sait, en effet, que, deux ans plus tard, le 5 avril 1355, le roi de France surprit à son tour le roi de Navarre au château de Rouen, avec plusieurs de ses complices. Tous furent mis en prison, et quatre, entre

---

(1) *Histoire de la Maison d'Harcourt*, etc. T. 1, p. 826.

(2)   *Id.*   *Id.*

lesquels le seigneur de Graville, eurent un plus lamentable sort... « Et tantost, disent les Grandes Chroniques, alla disner le roi de France, et quand il eust disné, luy, ses enfans, son frère, ses dits cousins d'Artois et plusieurs des autres qui estoient venus avec luy, monterent à cheual, et allerent par derriere en vn champ, c'est à sçauoir par derriere le chastel, lequel champ on appelle Champ du Pardon, et là furent menés en charrettes, par le commandement du roy, les dits comte de Harcourt, le seigneur de Grauille, Monsieur Maubué et Colinet Doublet. Et là (sur vn eschaffaut dressé sur des pippes) leur furent le dit iour, les testes couppées, et puis furent tous quatre traisnés au gibet de Rouen, et là furent pendus et leurs testes mises dessus le gibet, (*alias*, plantées au mesme lieu sur des lances), et fu le dit roy de France présent, et aussi ses dits enfants et son frère, à coupper les dites testes, et non pas au pendre (1). »

1357. Mais, comme si le noble nom de Malet, même momentanément, ne pouvait demeurer flétri, la sentence de réhabilitation, cette fois encore, ne se fit pas attendre. En effet, dès le 10 janvier 1357, c'est-à-dire moins de deux ans après le supplice du sire de Graville, le roi de Navarre, qui était en prison au château d'Arleux, en Cambresis, ayant été délivré par un chevalier nommé Jean de Picquigny, et ayant fait la paix avec le duc de Normandie, « s'en vint aussitost à Rouen, auquel lieu, pour complaire aux habitans de la ville et du pays, et les atraire à luy, il fit dépendre du gibet de Rouen, en grande solemnité, les seigneurs que le roy Iean auoit fait pendre au dit lieu, le comte de Harcourt, le sire de Grauille, Colinet Doublet, de Mainemare et autres, lesquels il fit inhumer honorablement en l'eglise Notre Dame de Rouen, en la chapelle des Innocens, à présent de Saint Romain, où leurs heaumes furent mis pour vne remarque, lesquels y ont esté iusques au temps des troubles, que les protestants les pillerent, l'an mille cinq cens soixante deux (2). »

---

(1) *Histoire de la Maison d'Harcourt*, etc. T. III, p. 281.

(2)   *Id.*   etc. T. III, p. 297 et 298.

Ce drame normand a tant d'intérêt pour nous qu'on nous pardonnera peut-être de consigner encore ici, en violation de notre engagement d'être court, le récit pittoresquement circonstancié de la cérémonie expiatoire, emprunté à un vieux chroniqueur, récit digne d'inspirer un pinceau normand.

« Le mercredy, dixiesme iour du dit mois de Ianvier mil trois cens cinquante sept, le dit roy de Nauarre enuoya au matin au gibet de Rouen pour despendre et enseuelir les corps des quatre dessus nommez, que le roy de France auoit fait décapiter en sa présence, lors que le roy de Nauarre fut prins. Auquel gibet ne fut rien trouué du comte de Harcourt, car long temps auoit qu'il auoit esté osté, mais on ne sçauoit pas par qui, combien que on supposoit que ce eussent fait ses parents. Et là furent enseuelis, par trois Rendus de la Magdelaine de Rouen (*alias*, trois Beguines), les corps du seigneur de Grauille, de messire Maubué de de Mainemares et de Colinet Doublet, qui encores auoient esté mis au gibet sans leurs testes, et furent mis en trois coffres tels que on a accoustumé à faire pour morts, et il y eut vn autre coffre mis en representation du comte de Harcourt, lesquels furent mis en trois chars à dames, qui là auoient esté amenés pour cette cause, et fut mis le dit coffre, qui representoit le dit comte de Harcourt, en vn d'iceux chars ; le seigneur de Grauille en l'autre, et les deux autres corps en l'autre char. Et le dit iour, enuiron l'heure de tierce, le dit roy de Nauarre à cheual et grand foison de peuple à cheual et à pied, partirent de Rouen et allerent au dit gibet. Et là furent cent grands varlets qui portoient cent grandes torches, et auoit chacun varlet vn escusson à la poictrine des armes du roy de Nauarre, et fit le dit roy acharrier les dits coffres iusques à vn lieu, près de la dite ville de Rouen, appelé le Champ du Pardon, auquel les dits corps auoient esté decapités, en la place ou au plus près que on pust de là où ils auoient esté decapités. Là s'arresterent et furent chantées moult solemnellement vigiles des morts pour cette cause. Et, ce fait, les dits chars furent mis en chemin, c'est a sçauoir celui où estoient les deux coffres : deuant et après

le dit char, auoit deux escuyers armez des armes des dits
Maubué et Colinet, sur deux cheuaux. Et après estoit le
char du dit seigneur de Grauille : et après auoit deux hommes
à cheual qui portoient deux bannières de ses armes, et deux
autres sur deux cheuaux armés, l'vn pour guerre, l'autre pour
tournoy. Et après estoient les amis du dit seigneur. Et, en après,
estoit le char auquel la representation du dit comte estoit,
c'est à sçauoir du comte de Harcourt, et deux varlets et deux
chevaux armez, le roi de Nauarre et les amis du dit comte. Et
ainsi furent charriez iusques à la porte de derrière le chastel
de Rouen, c'est à sçauoir iusques au lieu où ils auoient esté
mis dans les charrettes quand on les mena executer. Et là
furent arrestés, et furent mis hors les dits coffres des dits
chars, et les prinrent cheualiers et escuyers, si comme on a
accoustumé de porter corps, et les porterent de là iusques en
Notre Dame de Rouen, en l'eglise cathedrale. Et le dit roy de
Nauarre et merveilleusement grand peuple alloient apres à
pied. Et fut bien tard quand ils furent, à la grande eglise,
mis en vne chapelle couuerte de serges qui auoient bien trente
six pieds de long. Et, en vn chacun des pilliers de la dite
eglise, auoit vne grande pièce de cendal attachié, dedans laquelle auoit quatre escus peints des armes des dessus nommez.

« Lendemain, iour de Ieudy, 11ᵉ iour du dit mois de Ian-
uier, le dit roy de Nauarre fut au matin à vne fenestre sur la
porte Saint Ouen de Rouen, et là parla à grand foison de
gens qui estoient allez sur la place qui est deuant pour ouir
le dit roy, qui leur auoit fait sçauoir qu'il vouloit parler à
eux, et leur dit en substance, au tel comme il auoit dit à
Paris, et plusieurs fois nomma les quatre corps dessus dits
martyrs, et après alla à la dite eglise Notre Dame, où fut dite
la grande messe des morts solemnellement par l'euesque
d'Avrenches, et puis furent mis les dits coffres au depost au
charnier de la dite église de Notre Dame. Cetuy iour fit, au
disner, le roy de Nauarre seoir à sa table vn marchand de vin
de petit estat, pour le temps maire de la ville de Rouen (1). »

<hr>

(1) *Histoire de la Maison d'Harcourt, etc. T. III, p. 200-201.*

1356. Parmi les preux qui succombèrent à la bataille de Maupertuis, en 1356, un an avant la cérémonie funèbre que nous venons de raconter, le P. Daniel cite, au nombre des prisonniers ou blessés, le comte de Graville.

« En 1370, d'après l'armorial publiée par le curé de Maneval, le sire de Graville et le sire de Plasnes, représentaient deux branches de Malet différentes. Plasnes ajoutait un lambel d'azur (1). »

« Robert Mallet, chevalier, baille sa pescherie sur la rivière de Seine, depuis les mottes de S. Jore jusques a Dücler pour 42 livres par an, le 20 mars 1370 (2). »

1373, 1374. Le compte de Jacques Renard, « thrésorier des guerres du roy nostre seigneur, » mentionne « Monsieur Iean Mallet, sire de Grauille, cheualier banneret, » du 7 Décembre 1373 au 1er Janvier 1374 (3). »

1375. Iean Mallet, sire de Grauille, cheualier banneret, assiste au siége de Coignac, l'an 1375, auec cinq cheualiers et traize escuyers, pour le seruice du roy Charles cinquième, et à l'entreprise de Saint Sauveur le Vicomte (4). »

1382, 1383. « Monseigneur Guy Mallet, cheualier, seigneur de Grauille et banneret, assiste le roi Charles VI aux guerres de Flandres, en l'armée de Bourbourg, l'an 1382, et est reçu à Estraing, en Flandres, le 18 Août 1383, ayant en sa compagnie deux autres cheualiers et sept écuyers (5). »

XVᵉ siècle. — 1415, 1416, 1421, 1422, 1426, 1436. Jean IV,

---

(1) *Lettre* de M. l'abbé Anatole Caresme.

(2) *Id.* Id.

(3) *Histoire de la Maison d Harcourt,* etc T. III. p. 316.

(4) Id. etc. T. I. p. 832.

(5) *Id.* Id.

sire de Grauille, seigneur de Marcoussy et Montcontour (1),
épouse, en premières noces, Jeanne de Bellengues, et, en
secondes noces, Jacqueline de Montagu (2) ; était du nombre
des seigneurs normands qui firent lever au roi d'Angleterre,
en 1415, le siége d'Harfleur (3) ; est qualifié, en 1416, « grand
pannetier et grand maistre des arbalestriers de France (4) ; »
défend Pont-de-l'Arche contre le roi d'Angleterre, en 1416 (5) ;
s'intitule, en 1421, « conseiller et chambellan du Roy » (6) ;
est caution de la sainte ampoule, en 1422, au sacre de
Charles VII (7) ; repousse les Anglais qui assiégeaient
Montargis, en 1426 (8) ; assiste, « de la part du Roy, au
mariage d'Yolande de France avec Amédée de Savoye, le
16 Août 1436 (9), et meurt en son château de Montcontour,
la même année (10).

Jean de Graville possédait, à Rouen, « l'hostel de Grauille, »
et « rendoit hommage, tous les ans, d'vn faucon au chasteau
de Rouen, le iour de la Natiuité de Sainct Iean Baptiste (11).»

1412. De la Roque, au t. 4. de son *Histoire de la Maison
d'Harcourt*, et dans sa dernière pièce justificative, cite la
quittance de « Guy Malet, seigneur de Grauille, lequel con-
fesse auoir eu et receu de Renaut de Longueil, trésorier
du roy nostre seigneur, la somme de 210 liures sols en
prest sur les gaiges de luy cheualier banneret, et 2 autres

---

(1) *Histoire de la Maison d'Harcourt*, etc. T. I. p. 821.
(2)   *Id.*   etc. T. I. 821-822.
(3)   *Id.*   etc. T. I. p. 840.
(4)   *Id.*   etc. T. I. p. 821.
(5) *Histoire de France*, par le P. Daniel.
(6) *Histoire de la Maison d'Harcourt*, etc. T. I. p. 833.
(7)   *Id.*   Id.
(8)   *Id.*   etc. T. I. p. 821.
(9)   *Id.*   etc. T. I. p. 833.
(10)   *Id.*   etc. T. I. p. 820-826.
(11)   *Id.*   etc. T. I. p. 833.

cheualiers bacheliers et 13 escuyers de sa compagnie, sous le gouvernement de M. de Longny, mareschal de France sous son séel, le 9ᵉ iour de luillet, l'an 1412, scellé des armes de Grauille qui sont de gueulles à 3 fermaillets d'or, pour cimier vn fermaillet d'or, et pour supports deux griffons de gueulles. »

1449. Martial de Paris dit d'Auuergne, en ses Vigiles du roy Charles septieme, parlant du siége de Rouen (octobre 1449), auquel le duc de Somerset et le seigneur de Talbot se rendirent à composition, employe, entre les plus considérables, le sire de Grauille (1). »

1453. « Iean de [Grauille, appelé le Jeune, seigneur de Marcoussis, escuyer, conseiller et chambellan du roy et de monsieur le dauphin, fit hommage, en 1449, de sa terre de Tournefaye, et l'an 1453, des terres de Grauille, de Montagu, d'Ambouuille et de la Bressarte (2). »

1461. « Iean, seigneur de Grauille, fit hommage de sa baronnie de Grauille, tenue et mouuante de la vicomté de Monstivillier, du chateau de Marcoussy, des fiefs de Chastres sous Mont-l'Hery, de Sainct Yon, de Chatanuille tenu de Mont-l'Hery, de Hangest et autres, assis en la preuosté de Paris, et aux bailliages d'Eureux et de Mortain, par lettres données à Paris, le vingt-septième septembre 1461 » (3).

1467. « Monsieur de Grauille, prisonnier en Angleterre, eut souffrance de bailler foy et hommage au roy, et son adueu de la seigneurie de Grauille, tenue de la duché de Normandie, iusques à son retour de prison, par lettres données à Rouen, le 12 Iuin 1467 (4). »

---

(1) *Histoire de la Maison d'Harcourt.* etc. T. I. p. 643-644.
(2)   *Id.*   etc. T. 1. p. 833-831.
(3)   *Id.*   etc. T. I. p. 834.
(4)   *Id.*   Id.

1473. « Dans la charte d'érection de la haute justice de
Grauille, faite en l'an 1473, par le roy Louis XI et registrée en
la dite cour l'an 1484, il est exposé que Sa Majesté consi-
dérait les bons, grands, louables, vertueux et recommanda-
bles services que Iean de Grauille, Louis, son fils, et leurs
prédécesseurs auoient depuis long temps rendus au roy, à
l'état et à la couronne (1). »

1475, 1476. En 1475 et 1476, « Charles de Grauille, personnage d'vn rare sçauoir, étoit curé de Montfort et de Beau-
fou, et recteur de l'vniuersité de Caen (2). »

1483. « Iean, sire de Graville, estoit au sacre du roy
Charles VIII, l'an 1483 (3). »

XVIᵉ SIÈCLE. — 1500, 1502. Hyacinthe Langlois, dans son
Essai historique sur l'abbaye de Saint-Wandrille, nous apprend
que Jean VI, Mallet, soixante deuxième abbé, fut nommé en
1500. Des contestations le contraignirent de résigner, en 1502,
son abbatiat à Philippe de Clèves. Il revint ensuite à Saint-
Wandrille, et fut enterré dans la chapelle de la Vierge.

1503. « Dans la déclaration des fiefs du bailliage de Caux
de l'an 1503, il se void que Louis, seigneur de Grauille, admiral de France, tenoit en la sergeanterie de Monstiuillier la
seigneurie de Grauille qui s'estend, tant en la paroisse de
Grauille qu'en celles de Harfleur, Haruiq (*Sanvic ?*), Sainct
Denis du Chef de Caux, Ingreuille (*Ingouville ?*), Fontaines,
Roueruille (*Rogerville ?*), Colleuille, Carnetot, (*Garnetot ?*),
Monstiuillier, Sainct Supplix, Octeuille, Rambetot (*Raim-
bertot ?*), Gonneuille, Coudray (*le Coudray ?*), Sainct Saumeur
de la Campagne, Tainemare (Duplessis écrit Teinemare —
Tenemare, commune d'Ecrainuille ?), Bourquebusc (*Bornam-*

---

(1) *Histoire de la Maison d'Harcourt,* etc. T. I. p. 828.
(2)　　　　　　　*Id.*　　　　etc. T. I. p. 820.
(3)　　　　　　　*Id.*　　　　etc. T. I. p. 835.

busc?), Escrainuille, Vitetot, (*Vattetot?*) Innonuille (*Ingouville?*), Breauté, Quezeuille (*Ganzeville? Gainneville?*), de laquelle baronnie sont tenus plusieurs arrière-fiefs ; que le dit sire de Grauille tenoit le plein fief de haubert de Manehouuille, et celui de Grandcamp auec la baronnie du Besle en la vicomté de Neufchastel, et que le fief de Malleuille, appartenant à Iean de Quenonuille ou Canouuille, cheualier, estoit tenu de luy (1). »

1516. Louis Malet, seigneur de Graville, conseiller et chambellan des rois Charles VIII et Louis XII, amiral de France, gouverneur et lieutenant général de Normandie, mourut au château de Marcoussis, le 30 Octobre 1516, à l'âge de 78 ans. « C'étoit, dit Iean de Saint-Gelais, historien de Charles VIII, le plus fort des conseils du Roi. » C'est ce même Louis de Graville qui a donné à la cathédrale de Rouen une cloche appelée de son nom Louise de Graville (2). L'amiral de Graville, dont le corps fut inhumé à Marcoussis, dans l'église des Célestins ou des Cordeliers de Malesherbes, légua son cœur à l'église du prieuré de Graville, où il doit reposer encore aujourd'hui.

De la Roque rapporte, dans son *Histoire de la Maison d'Harcourt,* une clause du testament de Louis de Graville, inspirée par des sentiments trop nobles et trop rares, pour être passée ici sous silence.

« Louis, sire de Grauille, admiral de France, suiuant les titres domestiques de cette maison, fit vn second codicille donné à Marcoussis, le 22 May 1513. Considérant les dons et pensions immenses qu'il auoit receus de nos rois dès son ieune âge, légua au commun peuple des bailliages du royaume les plus chargés de taille, pour leur procurer du soulage-

---

(1) *Histoire de la Maison d'Harcourt,* etc. T. I. p. 835.

(2) *Les Eglises de l'arrondissement du Havre,* par M. l'abbé Cochet. T. I. p. 82.

ment et de la diminution, la somme de quatre-vingt mille
liures qu'il auoit fournies et prestées au roy Louis XII, pour-
subuenir à sa défense contre les Anglois et aux guerres qu'il
auoit entreprises contre eux l'an 1512 et 1513, pour laquelle
somme il tenoit Melun, Corbeil, Dourdan, et autres terres et
domaines en propre, qu'il ordonna estre rendus sans rem-
boursement à Sa Majesté ; qu'il consentoit renoncer aux droits
qu'il auoit sur les dites villes, sauf ses anciennes prétentions
sur Dourdan, à cause de ses prédécesseurs ; ne vouloit que
ses héritiers demandassent aucune chose à Sa dite Majesté,
disant, pour sa raison, qu'il auoit reçu des rois qn'il auoit
seruis pendant plusieurs années de grands bien-faits, dont
le peuple s'estoit opprimé, déchargeant sa conscience, en
conséquence, du scrupule qu'il en auoit (1). »

Ce seigneur de Graville eut, de son mariage avec Marie de
Balzac, deux fils, qui moururent jeunes, et trois filles, dont
l'aînée, nommée Louise, porta en mariage la terre de Graville
à Jacques de Vendôme, vidame de Chartres. Une autre, qui
s'appelait Anne, épousa Pierre de Balzac, son cousin, baron
d'Entragues. C'est au sujet de celle-ci que le grave P. Anselme,
peu anecdotier cependant de sa nature, raconte l'historiette
suivante :

« Pierre de Balzac enleva sa cousine, Anne Malet de Graville, et l'épousa malgré l'amiral. Celui-ci pensait à déshé-
riter sa fille, lorsque le prieur des Célestins de Marcousis
la lui présenta avec son gendre le Vendredy Saint, comme
il était sur le point d'adorer la Croix, et obtint leur pardon
en mémoire du mystère du jour (2). »

Cette union fut-elle heureuse ? il est permis d'en douter.
C'est, du moins, ce que nous osons inférer, peut-être à tort,
du choix de la devise de la baronne d'Entragues, « un ins-

---

(1) *Histoire de la Maison d'Harcourt*. etc, p. 830.
(2) P. Anselme. T. II. p. 438.

trument hydraulique, dit le P. Anselme, qu'on nomme chante-
-pleure, avec ces mots : *Musas natura, lacrymas fortuna.*
C'est-à-dire, Née pour rire, je vis pour pleurer. Ou bien : La
nature m'avait faite flûte, le sort me change en robinet.

XVIIᵉ SIÈCLE. — 1631. Nous apprenons en outre, par le
P. Anselme, que « Louis Malet, écuyer, seigneur et patron
de Cramesnil, d'Oudale et d'Estretat, fut député de la noblesse
du baillage de Caux, en 1631, pour les États de Normandie. »

III.

Ces citations nous ont entraîné de siècle en siècle plus loin
que nous n'aurions voulu, mais qui donc, à notre place, et
à mesure qu'ils accouraient au-devant de notre plume, aurait
résisté au désir de suspendre, un peu pêle-mêle, mais non
sans intérêt ni sans gloire, tous ces insignes épars au trophée
de Guillaume Malet ?

On peut consulter Borel d'Hauterive, pour la suite de la
généalogie des Malet jusqu'à nos jours.

Disons seulement que le chef actuel des Malet, en France,
est Louis Charles Marie Gaston, marquis Malet de Graville,
né le 23 Août 1805, dont la sœur, Mᵐᵉ la douairière Le Vaillant
du Douët, habite encore, près de Saint-Romain-de-Colbosc,
le château de Cramesnil.

Sir Alexander-Charles-Saint-Loo Malet, baronnet, né le
23 Juillet 1800, ancien secrétaire d'ambasssade à la Haye, est
le chef de la branche anglaise (1).

______

(1) « M. Louis Malet, autre descendant d'un sieur Malet qui émigrait en
Angleterre après l'édit de Nantes, réside actuellement à Vienne, où il
est commissaire du gouvernement anglais dans les négociations du
traité de commerce avec le gouvernement d'Autriche. » (*Lettre* de Sir
Alexander Malet à M. l'abbé Jeuffrain, du 20 Août 1867.)

De plusieurs lettres adressées par le gentilhomme anglo-normand à M. l'abbé Jeuffrain, lettres aussi remarquables par l'exquise courtoisie du style que par le culte intelligent des souvenirs, il résulte que le duc de Somerset et les comtes de Warwick et d'Egmont descendent également, non en ligne directe, comme l'auteur, mais par les femmes, de notre Guillaume Malet.

Aussi déjà, à la prière et à l'exemple de Sir Alexander Malet, sa seigneurie le comte de Warwick s'est-elle empressée de souscrire pour la restauration du tombeau de Guillaume, fondateur du prieuré de Graville.

A également souscrit M. le marquis Gaston de Graville.

Le blason de la branche anglaise des Malet, modifié à l'époque de la seconde croisade, est d'azur, à trois coquilles d'or (1).

Guillaume Malet, signataire de la Grande-Charte et fondateur du prieuré de Graville, portait de gueules, à trois fermails, fremans ou fermalets d'or.

« Magny cite une autre famille Malet de la Grue, qui blasonnait comme les Mallet, ajoutant un chevron. J'ai un ou deux seigneurs de cette branche qui ne sont pas dans la généalogie de M. Borel d'Hauterive (2). »

De l'épouse de Guillaume je ne dis rien ici, et pour cause. En l'absence d'inscription sur la pierre tombale, comme de toute armoirie particulière qui aurait au moins servi à dési-

---

(1) Pierre-Charles Renault, dit comte d'Angennes, seigneur de Graville et de Fontaine-Riant, né en 1690, colonel du régiment de ce nom et ensuite du régiment de Normandie, mort à Paris le 7 Octobre 1716, enterré à St-Roch, portait également d'azur, à la fasce d'or, accompagnée de trois coquilles de même. (V. P. Anselme, tome II p. 433).

(2) *Lettre* de M. l'abbé Caresme.

gner sa famille, il m'a été jusqu'à présent impossible, malgré toutes mes recherches et à mon grand regret, de découvrir son nom.

Les armes des Malet sont donnés par tous les héraldistes, et se retrouvent encore sur quelques-uns de nos monuments normands, notamment au-dessus de la porte latérale de l'église de Saint-Michel du Havre, où elles ont été reconnues et dessinées récemment par M. E. Dumont, de la société française d'archéologie, au crayon obligeant duquel nous devons encore une excellente reproduction de la pierre tombale de Guillaume Malet et de son épouse.

APPENDICE

1.

PROCÈS-VERBAL de reconnaissance des restes de Guillaume Malet, fondateur du prieuré de Graville, et de son épouse, enterrés au milieu du chœur de l'église de Sainte-Honorine.

Je soussigné docteur en médecine, licencié-ès-sciences, certifie que le lundi 29 Juillet, à quatre heures de relevée, j'ai été requis par M. l'abbé Jeuffrain, curé de l'église Sainte-Honorine de Graville, à l'effet de constater et de classer le résultat des fouilles opérées dans le chœur de ladite église, pour y retrouver les restes du sire Malet de Graville, son fondateur, et ceux de sa femme.

Lors de mon arrivée dans le chœur, en présence de MM. l'abbé Jeuffrain, curé de la paroisse ; l'abbé Allais, vicaire ; Brianchon, archéologue, et Allouis, chef ouvrier de M. Henri Certain, architecte, exécutant les travaux d'investigation, j'ai procédé à l'inspection des ossements extraits du sol et enfouis depuis plus de six cents ans. Après quelques instants d'examen, j'ai reconnu les débris de deux squelettes appartenant, l'un au sexe masculin, l'autre au sexe féminin.

Ces divers ossements provenaient d'une fouille faite directement au centre du chœur. Et cela d'après des indications précises fournies par une pierre tombale bien conservée et déplacée il y a seulement 30 à 35 ans, et aussi d'après des documents sérieux consultés par M. Brianchon, M. l'abbé Jeuffrain et quelques autres personnes intéressées dans les recherches.

Avant de procéder à mon expertise, je vérifiai la nature de l'excavation d'où les ossements avaient été extraits. C'était une large ouverture de 2 mètres environ sur 1 mètre 50 centimètres de surface, et 1 mètre 40 centimètres de profondeur à peu près, présentant deux fosses très distinctes. Celle de droite recélait encore un fémur, une rotule, un tibia et un pied d'homme. Ces diverses pièces du squelette étaient comme enchassées dans le terrain argilo-calcaire du sol ; tous les autres ossements, enlevés avec un soin religieux, étaient déposés sur un banc de l'église, et permettaient de reconstruire facilement une notable partie de ce que fut le sire Malet de Graville. La fosse placée à gauche, et la première en regardant l'autel, fouillée imparfaitement, contenait encore quelques débris d'ossements moins bien définis. Mais, des premiers ossements extraits de cet endroit et qui ont été soumis à mon examen, on peut affirmer, en toute conscience, que ces restes appartiennent à la femme du sire Guillaume Malet de Graville, qui avait été inhumée à sa gauche.

Les pièces suivantes, exhumées un peu avant mon arrivée, ont été soumises à mon inspection. Toutes provenaient de la fouille du côté droit.

1o Trois fragments assez considérables de la voûte du crâne et de sa partie postérieure. L'un de ces morceaux mesurait 18 centimètres de longueur sur 10 de largeur : les deux autres portions représentaient les pariétaux ;

2o Le temporal gauche complet, avec le rocher, parfaitement intacts ;

3o Une portion notable du maxillaire supérieur gauche, avec les sinus maxillaires admirablement conservés ;

4o L'apophyse zygomatique et le pourtour osseux de l'orbite du côté droit, avec le sinus maxillaire très bien conservé ;

5o Des portions détachées, mais facilement reconnaissables, du maxillaire supérieur droit ;

6o La branche entière et complète du maxillaire inférieur gauche avec toutes ses dents, trois grosses molaires, deux petites, une canine et deux incisives, toutes sans la moindre altération de l'émail ;

7° La branche du maxillaire inférieur droit, brisé en morceaux, mais complète cependant avec toutes ses dents, encore placées dans les alvéoles, ou hors des alvéoles, mais agglutinées, après leur rupture, par la terre argilo-calcaire environnante ;

8° Une vertèbre cervicale (l'axis); des morceaux des corps des vertèbres dorsales ; une vertèbre sacro-lombaire.

9° La clavicule gauche très bien conservée ;

10° Les omoplates droite et gauche ;

11° Deux humérus un peu avariés ;

12° Deux cubitus rongés aux extrémités ;

13° Le radius droit et le radius gauche, presque entiers, sauf en bas ;

14° Huit os métacarpiens ;

15° Le haut du sternum (os de la poitrine) ;

16° Trois fragments de côtes ;

17° Tête du fémur, avec son col attaché, à angle très obtus, avec une portion du corps ;

18° La rotule magnifiquement conservée ;

19° Les surfaces articulaires du tibia gauche ;

20° Le corps du tibia ;

21° Sept os du métatarse.

L'ensemble de ces diverses parties permet de reconstituer, avec la certitude la plus inébranlable, le squelette du sire Guillaume Malet de Graville qui, vers l'an 1200, fonda le prieuré de Sainte Honorine; en 1215, fut un des vingt-quatre barons signataires de la Grande Charte anglaise, et dut mourir dans la force de l'âge, à 50 ans environ, si l'on en juge, comme cela doit être, par le développement et la force des os du crâne, par l'étendue considérable des sinus maxillaires et la présence de toutes les dents, fortes, larges, très saines et parfaitement implantées.

Les ossements trouvés dans la fouille pratiquée à gauche du

squelette de Guillaume Malet offraient un aspect particulier. Ils étaient d'une couleur plus pâle que les autres soumis à mon examen ; les aréoles du tissu osseux étaient plus petites et moins résistantes.

Ils se composaient de :

1° Deux portions considérables des os du bassin comprenant les deux fosses iliaques interne et externe, droit et gauche. A l'os iliaque gauche se trouvait encore unie la tête du fémur, roulant dans la cavité glénoïde ; (la forme des os iliaques est très évasée, et non dressée comme chez l'homme). A la tête du fémur, on trouve un prolongement, le col fort long se réunissant, presque à angle droit, avec une portion du fémur.

2° Deux portions d'os ischion ou pubis ;

3° Un débris de côte de 0 m. 9 c. environ ;

4° Un fragment d'os plat (probablement omoplate) ;

5° Une portion d'humérus ;

6° La moitié supérieure d'un radius.

7° Cinq os du carpe.

En résumé, le lieu où ont été trouvés ces débris, l'aspect *sui generis*, la couleur particulière, grise, blanchâtre des ossements, la petitesse et le peu de résistance des aréoles osseuses, l'évasement des os du bassin, l'angle presque droit formé par le col du fémur, en partant de la cavité cotyloïde, donnent non seulement des motifs de croire, mais ces éléments fournissent, et cela je l'affirme, la preuve irréfutable que les débris examinés par moi sont une partie des restes pieusement recueillis, de la noble et discrète femme du sire Guillaume Malet de Graville, au côté gauche duquel elle avait été inhumée.

En foi de quoi, j'ai signé le présent procès-verbal pour servir à qui de droit et rendre hommage à la vérité.

Signé : DOCTEUR BEAUREGARD.
Lic. ès-sciences etc.

Graville-l'Abbaye, le 29 Juillet 1867.

II.

M. l'abbé Jeuffrain, récemment appelé, de la paroisse de
Sainte-Honorine de Graville, à la cure de la cathédrale de
Rouen, a bien voulu nous communiquer le *fac simile* de la
Magna Carta, comprenant le texte, les armoiries restituées (1)
et les sceaux des hauts contractants, le tout exécuté avec un
soin extrême, qui vient de lui être adressé par le noble baronnet
Sir Alexander Malet, dont le nom, comme on l'a vu déjà, se
trouve si intimement lié à la restauration du tombeau de notre
Guillaume. L'étendue de ce document ne nous permet pas de le
reproduire ici. Nous devons nous borner à une description
sommaire. Si, comme nous osons l'espérer, le *fac simile* de la
Magna Carta occupe un jour, et un jour prochain, la place
qu'il mérite dans nos archives départementales, nul doute que
M. de Beaurepaire, séduit par l'importance et la rareté d'un

---

(1) « Pour le moment je me suis permis de vous transmettre, Monsieur l'abbé, par l'entremise de mon second fils, Edouard Beaudouin,
qui fonctionne comme secrétaire à l'ambassade d'Angleterre, à Paris,
un *fac-simile* de notre Grande Charte, avec les signatures y attachées
et les blasons des signataires. Je dois remarquer que l'effet d'un in-
cendie, qui a endommagé la charte même, a rendu la plupart des
cachets indéchiffrables, et qu'on y a suppléé, dans la pièce que je vous
envoie, par les blasons connus des représentants existants des signataires ou par ceux que les titres héraldiques reconnus leur assignaient.

» Vous y verrez les armoiries que porte actuellement ma famille.
Mais les historiens les mieux renseignés donnent à ma famille, pour
blason, d'azur, à trois fermalets d'or. Et Collinson, dans son Histoire
du comte de Somerset, affirme que notre vrai blason était de gueules,
au lion combattant, découpé de six bandes d'hermine.

« En tous cas, nos armoiries actuelles [d'azur, à trois coquilles d'or],
ont été portées telles qu'elles sont, depuis le temps de Henri VIII au
moins, comme en font foi plusieurs monuments authentiques. » —
Lettre de Sir Alexander Malet à M. l'abbé Jeuffrain, curé de Graville
Ste-Honorine, du 15 Avril 1868.

pareil acte, ne lui consacre une appréciation compétente et détaillée bien supérieure à celle que nous pourrions être tenté d'en faire nous-mêmes.

Le *fac simile* de la *Magna Carta* que nous avons sous les yeux remplit une feuille de 75 centimètres de haut, sur 57 de large. Le texte, au bas duquel pend le grand sceau royal, en cire rouge, retenu par une attache, à double queue, en lacs de soie blanche, forme un parallélogramme de 44 centimètres sur 38 centimètres 1/2. En tête, figurent cinq écussons d'abord, puis douze de chaque côté, en tout vingt-neuf. Au bas, s'alignent symétriquement trois rangs de sceaux en cire rouge, seuls véritablement authentiques et contemporains de la Charte, à ce que nous supposons, au nombre de vingt-deux.

Au-dessous du grand écusson royal on lit ces mots :

A. D. 1215.

Magna Carta

Regis Johannis.

Comme la physionomie littérale, si je puis m'exprimer ainsi, de la Grande Charte est jusqu'à présent peu connue, nous donnerons ici, de ce célèbre document, le commencement et la fin. Les lettres en italique sont retranchées dans les abréviations du texte.

Johannes Dei *gratiâ* Rex Anglie Dux Hyber*nie et* Aqui*tanie* et Comes Audegavie Archiepiscop*is* E*piscopis* Abbatib*z* Comitib*z* Baronib*z* Justici*is* Forestar*iis* Vice-Comitib*z* Prepositis Ministris et omnib*z* Ballivis et fidelib*z* suis Salutem.

Sciatis nos intuitu Dei et *pro* salute anime *nostre* et om-*n*ium ant*e*cessorum et heredum *nostrorum* ad honorem Dei et exultatione*m* Sancte Ecclesie et emendationem Regni *nostri* *per* consilium venerabilium patrum *nostrorum* Stephani Cantuar*iensis* Archiep*iscopi* totius Anglie Primatis et *Sancte* Romane Ecclesie Cardinalis, Henr*ici* Dublin*ensis* Archiep*iscopi*, Willi*elmi* London*ensis*, Petri Winton*ensis*, Joscelini Bathon*ensis* et Glaston*iensis*, Hugonis Lincoln*ensis*, Walteri Wigorn*ensis*, Willi*elmi* Coventry, et Benedicti Rochesteri*ensis* E*piscoporum* ;

Magistri Pandulfi domini papæ subdiaconi et familiaris, fratris Aymerici magistri militie templi in Angliâ et Nobilium Virorum Willelmi Mariscalli Comitis Pembroke, Willelmi Comitis Sarisburiensis, Willielmi Comitis Warenn, Willielmi Comitis Arundell, Alani de Galweya Constabularii Scotie, Warini filii Geroldi, Petri filii Herebei, Huberti de Burgo Senescalli Pictavie, Hugonis de Nevill, Matthei filii Hereberti, Thome Basset, Alani Basset, Philippi de Albini, Roberti de Roppel, Johannis Mariscal, Johannis filii Hugonis et aliorum fidelium nostrorum. In primis concessisse deo et hac presenti carta nostra confirmasse pro nobis et heredibus nostris in perpetuum. Quod, etc.

. . . .

Cum autem pro deo et ad emendationem Regni nostri et ad melius sopiendam discordiam inter nos et Barones nostros ortam hec omnia predicta concesserimus volentes etiam integra et firma stabilitate gaudere facimus et concedimus eis securitatem subscriptam, videlicet quod Barones eligant viginti quinque Barones de Regno quos voluerint qui debeant pro totis viribz suis observare, tenere et facere observari pacem et libertates quas eis concessimus et hac presenti carta mea confirmavimus.

. . . .

Quare volumus et firmiter precipimus quod Anglicana Ecclesia libera sit et quod homines in Regno nostro habeant et teneant omnes prefatas libertates jura et concessiones bene et in pace libere et quiete plene et integre sibi et heredibz suis de nobis et heredibus nostris in omnibus rebus et locis in perpetuum sicut predictum est. Juratum est autem tam ex parte nostra quam ex parte Baronium quod hec omnia supradicta bona fide et sine malo ingenio observabuntur.

Testibus supradictis et multis aliis.

Data per manum nostram in prato quod vocatur Runingmede inter Windelesor et Stanes. Quinto decimo die Junii Anno Regni nostri septimo decimo (1).

---

(1) « Le jour qu'on choisit fut le quinzième de Juin, et le lieu fut une prairie entre Stanes et Windsor, où le roi confirma la Charte de Henri I

ARMOIRIES [*restituées*] *du roi et des hauts barons signataires de la Grande Charte, d'après l'ordre qu'elles occupent autour du* fac simile.

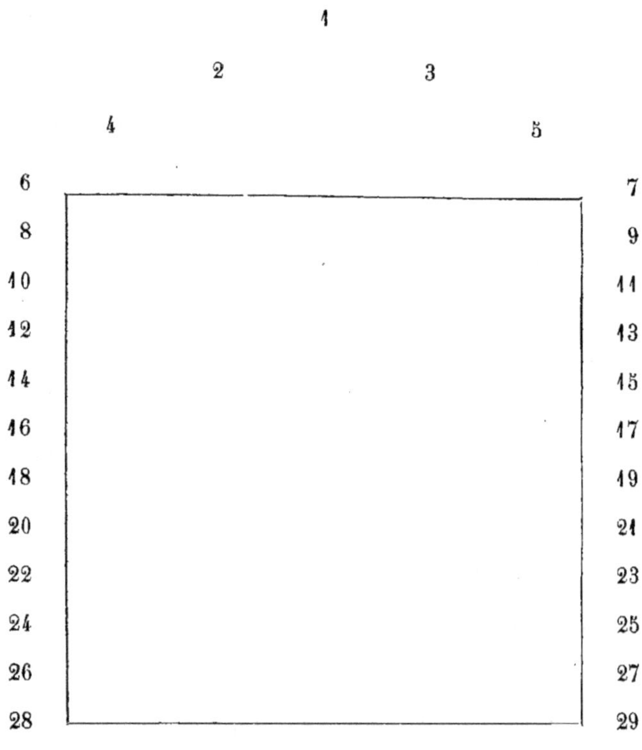

et y ajouta même encore de nouveaux privilèges. C'est l'acte arrêté dans cette assemblée qu'on nomma la Grande-Charte, qui depuis a été l'occasion de tant de guerres civiles, la source de tant de différends du souverain avec ses peuples et avec les assemblées des états, appelées aujourd'hui du nom de parlement, et qu'on y regarde comme le frein et la barrière qu'on oppose à ce qu'ils appellent le pouvoir arbitraire. Cet acte se fit en présence de Pandulfe, légat du Pape. Il fut envoyé par tout le royaume, et ensuite au Pape, qui le confirma. De sorte que jamais acte ne fut plus forcé, et en même temps plus authentique. — *Histoire de France*, par le P. G. Daniel, édit. de 1729.

1.

Rex Johannes

De gueules, à trois léopards d'or, passants l'un sur l'autre, timbré d'une couronne ducale d'or, posée sur un heaume d'argent à la croix tréflée de sable, et, derrière le cimier, un sceptre et une hampe d'or jetés en sautoir sur une épée d'argent, garnie d'or, au ceinturon de gueules.

2.

Stephen Langton AB. C.

Parti d'azur et argent, au 1, à la croix pattée et fichée d'argent en chef, chargé d'un pallium aussi d'argent, frangé d'or, orné de cinq croix pattées et fichées de sable, et au 2, à la croix de gueules, ajourée carrément en cœur, sommé d'une mître d'or, avec une croix à trois branches et une crosse du même, posée derrière l'écu en sautoir.

3.

Mag[r]. Petrus Pandulpi

De sable, à la croix de lozanges d'or, accompagnée de deux bourses en chef, aussi d'or, sommé d'une toque de gueules, galonnée d'or, avec une crosse et une croix à trois branches d'or passées en sautoir derrière l'écu.

4.

Wm. Marshall E. M.

Parti d'or et de sinople, au lieu de gueules brochant sur le tout, sommé d'une toque aussi de gueules, boutonnée d'or et bordée d'hermine, avec deux boutons d'argent, terminés d'or, passés derrière l'écu en sautoir.

5.

Almeric G. M. T.

De gueules, à la croix plaine d'argent, sommé d'un heaume du même, garni d'or et grillé de sable, avec une croix rustique à deux branches d'argent, et une épée, la pointe en haut, aussi d'argent, garnie d'or, posées en sautoir derrière l'écu.

6.

Robt Fitz-Walter

D'or, à la fasce de gueules, accompagnée de deux chevrons du même, avec un baton de sable, terminé d'or, posé en tranche derrière l'écu.

7.

Wm Hardley L. M.

De sinople, à la fasce d'or brochant sur une fleur de lys du même, avec une épée d'argent, garnie d'or, et une masse d'argent posées derrière l'écu en sautoir.

8.

Wm de Fortibus

Bandé d'argent et de gueules, au chef d'or.

9.

Ro. de Monthon

Pallé d'argent et de gueules, aux contre besans des mêmes.

10.

Pricus de Clare

D'or, à trois chevrons de gueules.

11.

Gilbert de Clare

D'or, à trois chevrons de gueules.

12.

Ricus de Perey

D'or, au lion d'azur.

13.

H[y] de Bohun

D'azur, à la bande d'argent, accostée de deux cotices du même, et accompagnée de six lions rampants d'or, trois en chef et trois en pointe.

14.
Etuf ou Enuf de Mauyl

Ecartelé d'or et de gueules, au ray fleureté de sable, brochant sur le tout.

15.
Gauf. de Saye

Ecartelé d'or et de gueules.

16.
Saher de Quincy

D'argent, à la bande de gueules, ornée en chef d'une fasce d'azur crenelée de neuf pièces.

17.
Wm de Huntinfeld

D'argent, à la fasce de gueules, chargée de trois besans d'or.

18.
Wm de Mowbray

De gueules, au lion d'argent.

19.
Wm de Albini

De gueules, au lion d'or.

20.
John de Lacy

D'azur, à trois gerbes d'or.

21.
Wm Malet (1)

D'azur, à trois coquilles ou vannets d'or.

22.
Roger Bigod

D'or, à la croix de gueules.

---

(1) Voir note p. 37.

23.

Jⁿᵒ Fitz Robti

De gueules, à deux chevrons d'or.

24.

Robᵗ de Vere

Ecartelé d'or et de gueules, au franc quartier chargé d'une étoile d'argent.

25.

Hug. le Bigot

Parti d'azur et de gueules, au lion d'argent, brochant sur le tout.

26.

Eustace de Vesci

De gueules, à la croix potencée en chef d'argent.

27.

Robᵗ de Roos

De gueules, à trois M barrées d'argent, posées 2 et 1.

28.

Ric. de Montfichet

De gueules, à trois chevrons d'or, chargé en chef d'un lambel d'azur.

29.

Wᵐ de Lanvelli

Fascé de sinople et d'hermine.

SCEAUX des rois et des hauts barons signataires de la Magna Carta, *d'après l'ordre qu'ils occupent au bas du* fac-simile.

8	6	4	2		3	5	7	9
16	14	12	10 1 11	13	15	17		
22	20	18		19	21	23		

1.

Sceau royal, pendant, orbiculaire, en cire rouge, au cavalier chevauchant armé de toutes pièces, tenant, de la main droite, l'épée nue, et de la main gauche, le bouclier aux trois léopards. Légende : + IOHS: DVX: NORMANIE : ET : AQVITANIE: COMES : ANDEGAVIE:

2.

Sceau elliptique, en cire rouge, chargé d'un écusson triangulaire sommé d'une mître, à la croix biseautée en sautoir. Légende : JOCELINI BATRONIE GLASTON

3.

Sceau elliptique, en cire rouge, chargé d'un écusson triangulaire sommé d'une mître, à dix besans, posés 4, 3, 2 et 1. Légende : WALTERI.WYGORN EPO +

4.

Sceau elliptique, en cire rouge, chargé d'un écusson triangulaire sommé d'une mître, aux deux clés adossées et au glaive la pointe en haut, posés en sautoir. Légende : PETRI WINTON EPO +

5.

Sceau elliptique, en cire rouge, chargé d'un écusson triangulaire sommé d'une mître, à la croix potencée, accompagnée de cinq croisettes posées, deux en chef et flanc dextres, deux en chef et flanc senestres, et un en pointe. Légende : WILMI.COVENTR' EPO +

6.

Sceau elliptique, en cire rouge, chargé d'un écusson triangulaire, à deux glaives, la pointe en haut, posés en sautoir. Légende : WILLEMI LONDINI EPO +.

7.

Sceau elliptique, en cire rouge, chargé d'un écusson triangulaire sommé d'une mître, à la croix plaine en sautoir, ornée d'une coquille en cœur. Légende : BENEDICITI ROTHG EPO +

8.

Sceau elliptique, en cire rouge, chargé d'un écusson triangulaire sommé d'une mître, au pallium orné de quatre croix. Légende : HENR·DVBLIN·ARCHIEP :

9.

Sceau elliptique, en cire rouge, chargé d'un écusson triangulaire sommé d'une mître, à deux léopards passants, orné de... en chef. Légende : HUGONIS LINCOLN EPO +

10.

Sceau orbiculaire, en cire rouge, chargé d'un écusson triangulaire, à quatre tours abaissées vers le centre de l'écu, deux en chef, deux en pointe, et un debout en abîme. Légende : WARINI GERALIS B

11.

Sceau orbiculaire, en cire rouge, chargé d'un écusson triangulaire, à la bande de ..., au chef orné de .... Légende : PETER FITZ H

12.

Sceau orbiculaire, en cire rouge, chargé d'un écusson triangulaire, au lion rampant. Légende : ALANI DE GALWAY

13.

Sceau orbiculaire, en cire rouge, chargé d'un écusson triangulaire fretté. Légende : RVBET DE BOHVN

14.

Sceau orbiculaire, en cire rouge, chargé d'un écusson triangulaire grillé ou échiqueté. Légende : WILLMI WARREN PLANTAGENIS

15.

Sceau orbiculaire, en cire rouge, chargé d'un écusson triangulaire à cinq lions, posés 3, 2 et 1 Légende : SIG WILLEMI LONG

16.

Sceau orbiculaire, en cire rouge, chargé d'un écusson triangulaire, semés de lions posés 3, 2 et 1. Légende : SIG WILLEMI LONGESPE

17.

Sceau orbiculaire, en cire rouge, chargé d'un écusson triangulaire, à la bande vairée. Légende : MATE FITZ ROBERTI

18.

Sceau orbiculaire, en cire rouge, chargé d'un écusson triangulaire, au lion de...... Légende : PHILIPP DE ALBINI

19.

Sceau orbiculaire, en cire rouge, chargé d'un écusson triangulaire, au lion rampant, accompagné de trois besans en chef. Légende : ROBTUS DE LOVELL.

20.

Sceau orbiculaire, en cire rouge, chargé d'un écusson triangulaire, ondé de trois fasces. Légende : ALAN BASSET

21.

Sceau orbiculaire, en cire rouge, chargé d'un écusson triangulaire, à la bande ornée de lozanges. Légende : JOHIS MARSHALL

22.

Sceau orbiculaire, en cire rouge, chargé d'un écusson triangulaire, pallé de .... et de .... Légende : THOME BASSET

23.

Sceau orbiculaire, en cire rouge, chargé d'un écusson triangulaire, orné de .... en chef, et lozangé de ..... en pointe. Légende : JOHAN FTZ HVGONIS

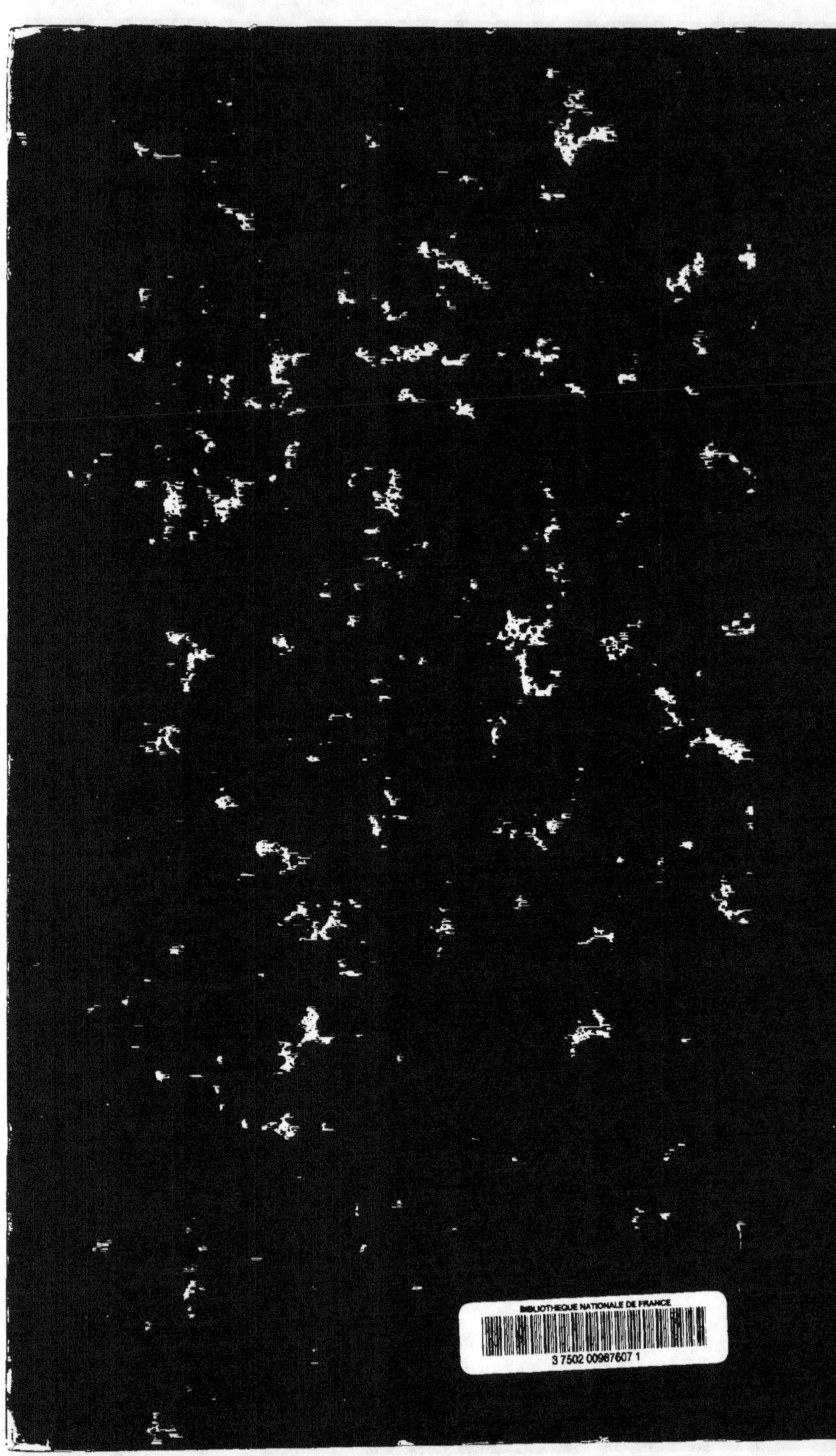